炊飯器ブラザーズ

KADOKAWA

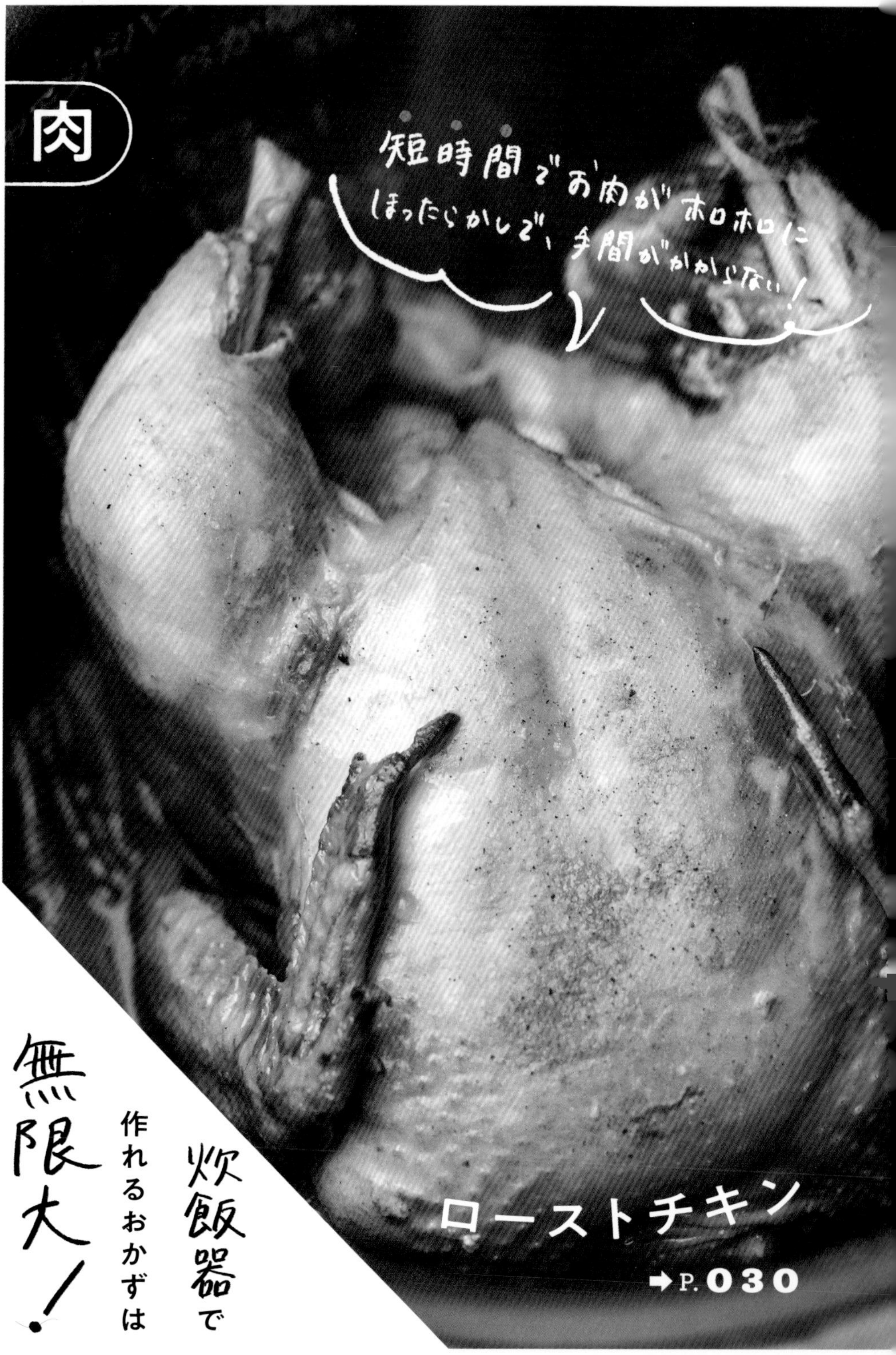

肉

短時間でお肉がホロホロに

ほったらかしで、手間がかからない！

ローストチキン

➡P.030

炊飯器で作れるおかずは無限大！

魚
煮る作業は大得意
火加減の心配はご無用！失敗しない！
サバの味噌煮
→P.046

スイーツ

チーズパンケーキ

➡P.116

スイーツも作れちゃう！
炊飯器だと簡単に
ふっくらモチモチに仕上がる！

汁もの

純豆腐 ➜P.112

味が染み込んだ野菜の美味しさが爆発

炒める工程がないから、油も少なく

ヘルシーに仕上がる！

はじめに

皆様、こんにちは!

ついに渾身の炊飯器レシピ本をお届けできる日がきました。

兄の僕が小学校の先生をしていたとき、

毎日を忙しく過ごす親御さんたちと接する機会が多くありました。

仕事を終えて家に帰っても家事に追われる……

子どもと会話したり、遊ぶ時間がない……

そんな毎日を送っている方々を見て、

『忙しい日々を過ごされている方のために、とにかく楽できるレシピを作りたい』

と思うようになりました。そして、炊飯器ブラザーズは動画投稿を始めました。

やるからには、極端なほどに簡単に。

日本一と言ってもいいくらいの『超・ズボラ飯』を目指しました。

この本で紹介するほとんどのレシピは、

1材料を入れて、**2**スイッチを押して、**3**混ぜるだけ。

この3ステップで完成です。

炊飯器に入れるまでの調理時間は約3分!

スイッチを押したあとは、ほったらかしでOK!

包丁を使わないレシピもたくさんあるので、子どもたちと一緒に

調理を楽しむこともできます。料理が得意じゃなくても作れるような

超簡単な作り方を意識しました。

弟が考えた斬新なレシピも、炊飯器の可能性を広げてくれるようで楽しいですよ!

皆様の毎日の負担が減りますように。

そして、空いた時間を有意義に過ごせますように。

本書を使って、少しでも毎日が楽になることを願っています。

炊飯器ブラザーズ

CONTENTS

Chapter 4

菜饗！

野菜料理

Chapter 5

満腹！

ごはんもの

Chapter 6

健康！

ダイエットおかず

Chapter 7
濃厚！
汁ものレシピ

Chapter 8
簡単！
スイーツレシピ

column 弟が考えた ユ〜モアレシピ

本書のきまり

- 小さじ1は5ml、大さじ1は15ml、1合は180mlです。
- 本書に出てくるあご出汁（4倍濃縮）、めんつゆ（4倍濃縮）は、特に記載がない限り希釈せず、原液で使用しています。
- 本書で使用する炊飯器のモードは、すべて「ふつう」モードです。早炊き機能やほかのモードを使用する場合は、ご自身で様子を見ながら行ってください。
- 炊飯が終わっても、食材に火が通っていなかったり、食材がかたい場合は、再度炊飯スイッチを押し、様子を見ながら調整してください。
- 野菜類は、特に記載がない限り、よく洗ってから使用します。
- 炊飯器のメーカーによって、炊きあがりに異なる場合があります。お持ちの炊飯器に合わせて時間などを調整してください。
- 材料写真で使っている炊飯器は5.5合炊きのものです。

STAFF

編集・構成 丸山亮平（百日）

AD 三木俊一

デザイン 宮脇菜緒（文京図案室）

撮影 北村勇祐

スタイリング こまこ舎

校正 麦秋アートセンター

撮影協力 藤原大和

本書の見方

作り方
全てのレシピはp.**011**の3ステップで構成されています。調理手順は、ここを参照してください。

仕上げ
炊飯の途中で入れたり、器に盛ったあとにそえる材料が記載されています。先に一緒に入れないように注意してください。

材料
最初に炊飯器に入れる材料が記載されています。調味料などは**A**でまとめて表記しています。材料を入れたら「ふつう」モードで炊飯します。

炊飯器のこと

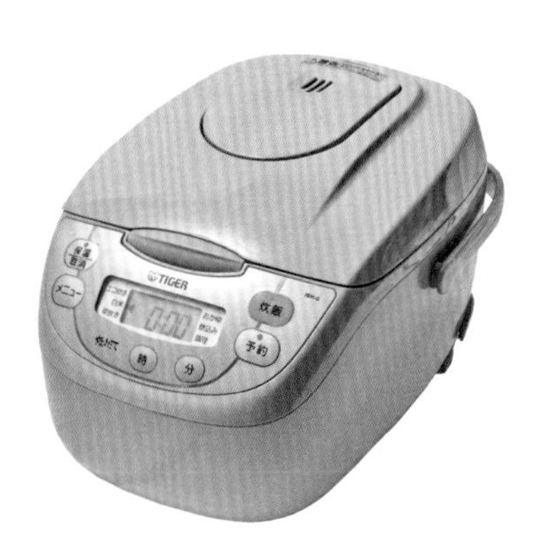

使う炊飯モードは「ふつう」だけ！

最近では、高性能な炊飯器が出ていて、いろいろな作業ができますが、本書掲載のレシピは、「ふつう」モードしか使いません。つまり、どの炊飯器でも再現が可能なのです。もしも、もっと味を染み込ませたかったり、肉や魚を柔らかくしたかったら、再度、保温や炊飯スイッチを押して様子を見ながら調整してください。

たった3つの簡単ステップ!

STEP 1

レシピに掲載されている材料を炊飯器に入れます。Aの調味料などは、炊飯器に入れたあと、軽くかき混ぜます。こうすることで炊きあがりにムラが出にくくなります。

STEP 2

「ふつう炊飯」モードでスイッチオン。あとは炊きあがりまで待つのみ!

※早炊き機能やそのほかのモードを使用するときは、ご自身で様子を見ながら調整してください。

STEP 3

炊きあがったお米をかき混ぜるように、全体を混ぜ合わせてください。レシピによっては、あえて具材を切らずにそのまま入れているものもあります。炊きあがると柔らかくなっているので、ヘラで切るように混ぜましょう。

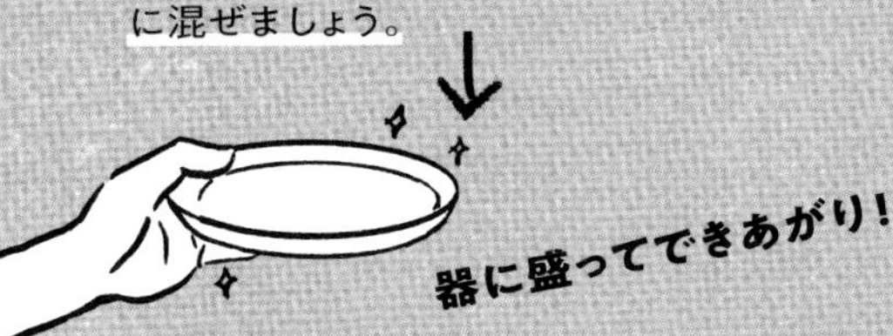

器に盛ってできあがり!

炊飯器でおかずを作る前に

ごはんを美味しく冷凍する方法

「炊飯器でおかずを作ったら、ごはんはどうやって準備するの？」そんな疑問を解決するために、炊き立てのごはんを美味しさそのままに冷凍保存する方法を紹介します。週末に多めにお米を炊いて冷凍保存し、毎日の料理に炊飯器をもっともっと活用しましょう！

1

ごはんが炊きあがったらすぐ、しゃもじでほぐします。全体にふんわりと空気を含ませるよう手早く動かしましょう。

2

1食分ずつ、ラップにのせて包みます。炊きあがったごはんを、すぐにラップで包むのがポイント。包む前にごはんを冷ますと、水分が抜けてパサついてしまいます。

3

2cmほどの厚みにします。厚みが均一でないと、温め直すとき、均等に温まりません。なるべく厚みを均一にし、ふんわりと包みます。

4

3の上からアルミホイルで包みます。こうすることで、さらに水分が逃げにくくなります。このまま粗熱を取り、冷凍庫の平らな場所へ入れ保存します。

Chapter 1

絶対に作って欲しい 定番レシピ

僕たちが作ってきたレシピの中でも、
特におすすめをここにまとめました。
自信作なので、ぜひ試してみてください！

無水カレー
食材全ての旨味が凝縮された
濃厚カレーをどうぞ

作り方

1 炊飯器に材料を入れる。

2 スイッチを押す。

3 具材を潰すようによくかき混ぜて、ごはんと一緒に器に盛る。

材料（2人分）

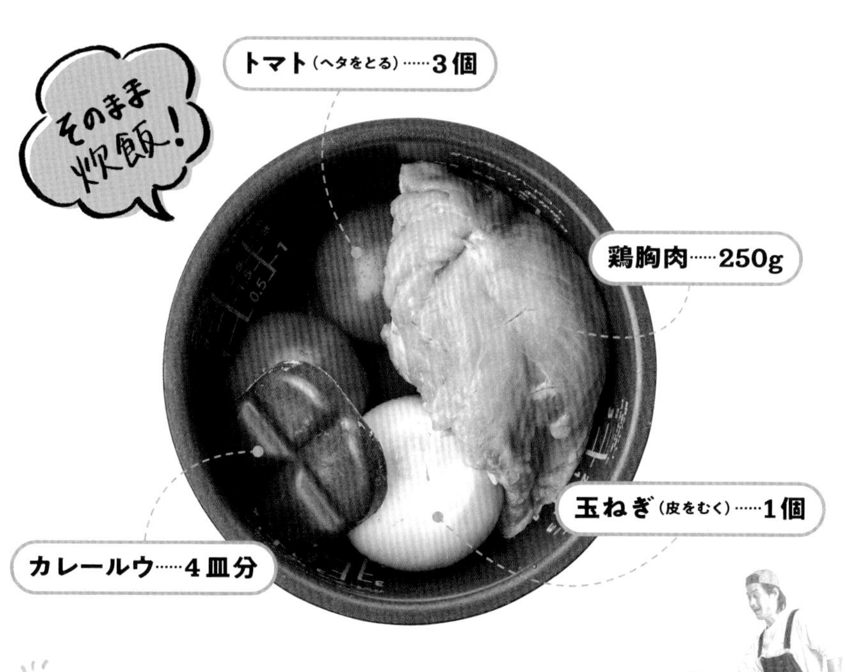

柔らかくなった鶏肉をヘラでしっかり潰すと、繊維がほぐれて食べやすくなるよ！

作り方 ➡P.018
無水ハヤシライス
トマトの酸味が
味の決め手！
ほったらかしで
こんなにホロホロ！
豚の角煮
作り方 ➡P.018

作り方 ➡P.019

作り方
➡P.019

無水ハヤシライス

そのまま炊飯！

作り方

1 炊飯器に材料を入れる。

2 スイッチを押す。

3 具材を潰すようによくかき混ぜて、ごはんと一緒に器に盛り、パセリをのせる。

玉ねぎをほぐして、トマトを潰し、具材が全体に馴染むようにかき混ぜればできあがり！

材料（2人分）

トマト（ヘタをとる）……3個

マッシュルーム……100g

玉ねぎ（皮をむく）……1個

ハヤシライスのルウ……4皿分

豚こま肉……200g

仕上げ

パセリ……適量

豚の角煮

作り方

1 炊飯器に豚肉とAを入れ、馴染ませる（豚肉をひっくり返す程度）。

2 じゃがいもを加え、スイッチを押す。

3 器に盛り、からしをそえる。

豚肉の表面にタレをしっかり絡ませておくと、仕上がりにムラがなくなるよ！

材料（2人分）

かき混ぜて炊飯！

A 水……100ml

焼肉のタレ……100ml

じゃがいも（皮をむき、芽をとる）……2個

豚バラ肉（ブロック）……300g

仕上げ

からし……適量

カオマンガイ

作り方

1 炊飯器に材料を入れる。

2 スイッチを押す。

3 鶏肉を切って器に盛り、合わせたBをかけたら、パクチーときゅうり、レモンをそえる。

材料（2人分）

米……2合

鶏もも肉……300g

しょうが（みじん切り）……1片

長ねぎ（青い部分）……1本

A あご出汁（4倍濃縮）……大さじ1
水……400ml

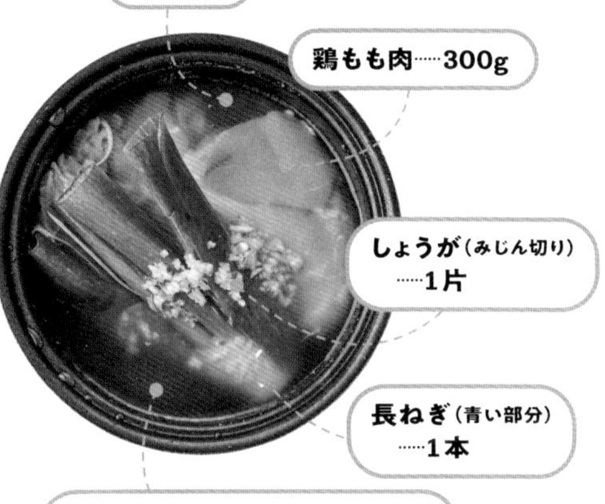

仕上げ

B ポン酢……大さじ2
ごま油……大さじ2

パクチー……適量

きゅうり（斜め切り）……適量

レモン（くし切り）……適量

無水トマトビーフシチュー

作り方

1 炊飯器に材料を入れる。

2 スイッチを押す。

3 かき混ぜて、器に盛り、パセリをのせる。

それぞれの具材がひと口大になるように、ヘラで具材を潰しながらかき混ぜれば、できあがりだ！

材料（2人分）

そのまま
炊飯！

じゃがいも（芽をとる）……1個

玉ねぎ（皮をむく）……1個

トマト（ヘタをとる）……2個

ビーフシチューのルウ……4皿分

牛肩ロース肉……300g

仕上げ

パセリ……適量

八角の匂いが食欲をそそる!
ルーローハン

作り方

1 炊飯器に材料を入れる。

2 スイッチを押す。

3 軽くかき混ぜて、ごはんと一緒に器に盛り、ねぎをのせる。

材料（2人分）

かき混ぜて炊飯！

- ゆで卵……2個
- 八角……2個
- 豚バラ肉（2cmの角切り）……300g
- **A** 水……250ml
  - しょうゆ……大さじ4
  - 料理酒……大さじ3
  - 砂糖……大さじ2
  - オイスターソース……大さじ2
  - にんにく（チューブ）……小さじ1
  - しょうが（チューブ）……小さじ1

仕上げ
- 刻みねぎ……適量

Aはしっかり混ぜ合わせてから炊飯スイッチを押そう！

野菜の水分だけで
スープができます！
無水ポトフ

味が染み込んだ
野菜がウマい！
豚汁

無水ポトフ

作り方

1 炊飯器に材料を入れる。

2 スイッチを押す。

3 かき混ぜて、器に盛り、パセリをふる。

材料（2人分）

そのまま炊飯！

キャベツ……1/2個

トマト（ヘタをとる）……2個

コンソメ（キューブ）……2個

塩・こしょう……各少々

鶏もも肉……300g

仕上げ

パセリ（みじん切り）……適量

具材が食べやすい大きさになるように、ヘラで潰しながらかき混ぜたら、できあがり！

豚汁

作り方

1 炊飯器に材料を入れる。

2 スイッチを押す。

3 よくかき混ぜて、器に盛り、ねぎと七味をふる。

材料（2人分）

かき混ぜて炊飯！

ごぼう（皮をむき、細切り）……1本

豚バラ肉（薄切り）……100g

こんにゃく（薄切り）……150g

大根（いちょう切り）……1/4本

にんじん（いちょう切り）……1/3本

A あご出汁（4倍濃縮）……大さじ2
水……500ml
味噌……大さじ2

仕上げ

刻みねぎ……適量

七味……適量

炊飯器に材料を入れるとき、ごぼうやにんじんなどかたいものを下に入れよう。

出汁が染み込んだ
炊飯器おでん
無水麻婆豆腐
トマト風味の爽やか系

炊飯器おでん

材料（2人分）

しらたき……30g

大根（2cm幅の輪切り）……1/2本

ゆで卵……3個

Aあご出汁（4倍濃縮）……大さじ2
しょうゆ……大さじ1
砂糖……大さじ1
塩……小さじ1
水……500ml

仕上げ
からし……適量

作り方

1 炊飯器に材料を入れる。

2 スイッチを押す。

3 器に盛り、からしをそえる。

無水麻婆豆腐

材料（2人分）

A水……200ml
にんにく（チューブ）……大さじ1
しょうが（チューブ）……大さじ1
豆板醤……小さじ1
甜麺醤……大さじ1
砂糖……大さじ1
ごま油……小さじ1
ラー油……適量

かき混ぜて炊飯！

豆腐（絹）……1丁（350g）

トマト缶（カット）……100g

豚ひき肉……200g

仕上げ
水溶き片栗粉……大さじ4
長ねぎ（みじん切り）……10cm
花椒……適量

作り方

1 炊飯器に材料を入れる。

2 スイッチを押す。終了10分前に水溶き片栗粉と長ねぎを加え、かき混ぜて炊飯を再開する。

3 炊飯が終わったらかき混ぜ、器に盛り、花椒をふる。

水溶き片栗粉は必ず後入れ！ ねぎも食感と風味を残すために、後入れします。

よくかき混ぜて食べよう!
ビビンパ

作り方

1 炊飯器に米、野菜、豚肉、Aの順に入れる。

2 スイッチを押す。

3 かき混ぜて、器に盛り、黄身をのせる。

材料（2人分）

そのまま炊飯！

豚こま肉……200g

A 焼肉のタレ……50ml
水……200ml
コチュジャン……大さじ2

米……1合

ニラ（ざく切り）……1/4束

仕上げ
卵（黄身のみ）……2個

野菜ミックス（キャベツ・ニンジン入り）……1袋（約160g）

ふかし芋

材料(2人分)

さつまいも(半分に切る)……1本
水……200ml

作り方

1 炊飯器に材料を入れる。
2 スイッチを押す(玄米モード炊飯にするともっちり仕上がります)。
3 器に盛る。

どて煮

材料(2人分)

牛すじ……200g
こんにゃく(ひと口大にちぎる)……150g
A
水……200ml
しょうゆ……50ml
みりん……100ml
砂糖……大さじ2
味噌……大さじ3

仕上げ

刻みねぎ……適量
七味……適量

作り方

1 炊飯器に材料を入れ、軽くかき混ぜる。
2 スイッチを押す。
3 軽くかき混ぜて、器に盛り、ねぎと七味をふる。

Chapter 2

絶品！
肉料理

1品で大満足の、肉料理。
炊飯器なら簡単に作れます。
味が染み込んだ柔らかいお肉を楽しんで！

ふっくらジューシーに仕上がる

ローストチキン

作り方

1
炊飯器に丸鶏とAを入れ、丸鶏にAを塗り込む。ねぎ、しめじを入れる。

2
スイッチを押す。

3
器に盛る。

材料(1羽分)

- 丸鶏……1羽(700g)
- 長ねぎ(斜め切り)……1本
- しめじ(石づきをとってほぐす)……20g
- A 塩・こしょう……各小さじ1/2
  焼肉のタレ……10ml
  にんにく(チューブ)……大さじ1

きのこやねぎ以外にも好みの野菜で試してみてね!

作り方 ➡P.034
ごはんの
おかずに最適！
手羽元の照り焼き

トマトの酸味で
さっぱり
トマト肉じゃが
作り方 ➡P.034

大根おろしと
相性抜群

鶏のみぞれ煮

作り方 ➡P.035

お酒のおつまみにいかが？

豚バラと大根の煮付け

作り方 ➡P.035

手羽元の照り焼き

かき混ぜて炊飯！

作り方

1 炊飯器に材料を入れる。

2 スイッチを押す。

3 かき混ぜて、器に盛る。

材料（2人分）

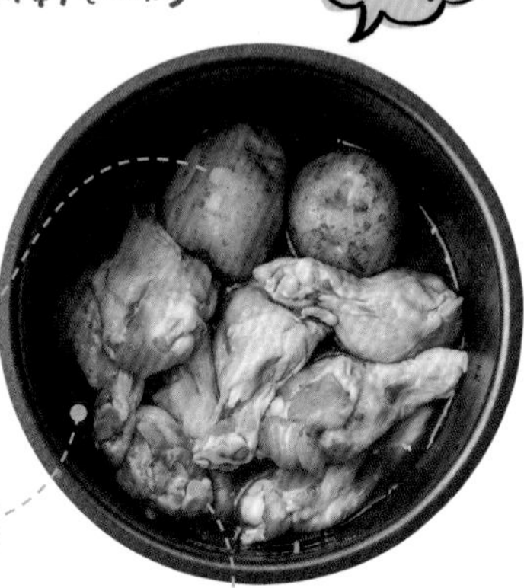

じゃがいも（芽をとる）……2個

A 焼肉のタレ……100ml
水……50ml

鶏手羽元……8本

トマト肉じゃが

そのまま炊飯！

作り方

1 炊飯器に材料を入れる。

2 スイッチを押す。

3 具材を潰すようにかき混ぜて、器に盛る。

材料（2人分）

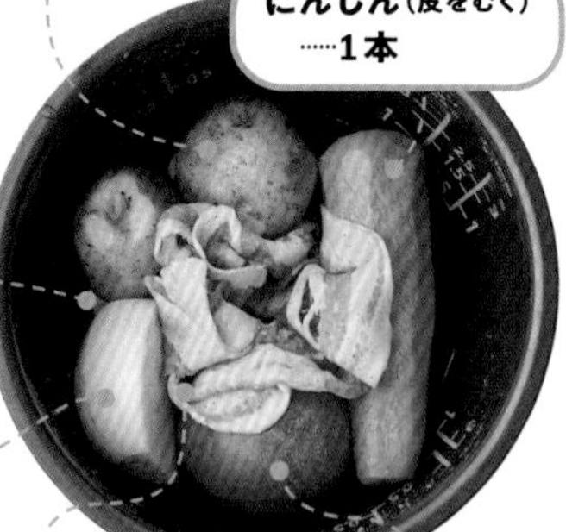

じゃがいも（芽をとる）……2個

にんじん（皮をむく）……1本

A めんつゆ（水で薄める）……100ml
塩・こしょう……各少々

玉ねぎ（皮をむく）……1/2個

豚バラ肉（薄切り）……100g

トマト（ヘタをとる）……1個

鶏のみぞれ煮

材料（2人分）

鶏もも肉（ひと口大に切る）……300g

大根（すりおろす）……1/3本

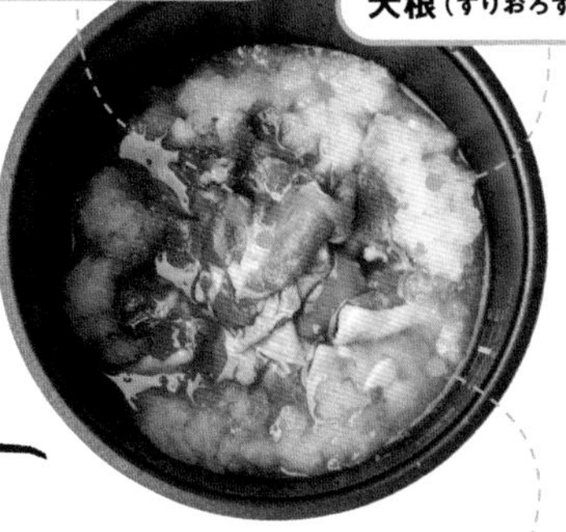

A しょうゆ……大さじ2
みりん……大さじ2
料理酒……大さじ1

仕上げ
かつお節……適量
刻みねぎ……適量

作り方

1 炊飯器に材料を入れる。

2 スイッチを押す。

3 かき混ぜて、器に盛り、かつお節とねぎをのせる。

豚バラと大根の煮付け

作り方

1 炊飯器に材料を入れる。

2 スイッチを押す。

3 かき混ぜて、器に盛る。

材料（2人分）

かき混ぜて
炊飯！

豚バラ肉（薄切り）……200g

A 水……150ml
しょうゆ……大さじ2
料理酒……大さじ2
みりん……大さじ2
砂糖……大さじ1

大根（いちょう切り）……1/2本

野菜の旨味を閉じ込めた

無水鶏キーマカレー

作り方

1
炊飯器に材料を入れる。

2
スイッチを押す。

3
具材を潰すようによくかき混ぜて、ごはんと一緒に器に盛り、福神漬けをそえる。

材料（2人分）

仕上げ
福神漬け……適量

炊飯器をまるごと使った
ジャンボ焼売
炒め物も炊飯器でできるんです
青椒肉絲（チンジャオロースー）

ジャンボ焼売

材料（炊飯器1個分）

作り方

1 ボウルにAを入れ、よく混ぜ合わせる。

2 炊飯器にごま油（分量外）を薄く塗り、ワンタンの皮を敷き詰めたら、水、1の順に入れ、スイッチを押す。

3 器にひっくり返して盛る。

ワンタンの皮……15～20枚

水……大さじ1

A 玉ねぎ（みじん切り）……1/2個
豚ひき肉……300g
しいたけ（みじん切り）……2個
塩……小さじ1
砂糖……大さじ1
ブラックペッパー……少々
オイスターソース……大さじ1
ごま油……小さじ1

そのまま炊飯！

青椒肉絲（チンジャオロースー）

材料（2人分）

作り方

1 炊飯器に材料を入れる。

2 スイッチを押す。

3 かき混ぜて、器に盛り、ねぎをのせる。

ゆでたけのこ（細切り）……100g

豚こま肉……200g

ピーマン（細切り）……4個

A 料理酒……大さじ2
中華スープの素……小さじ2
オイスターソース……大さじ2
にんにく（チューブ）……小さじ2
しょうが（チューブ）……小さじ2

仕上げ
刻みねぎ……適量

かき混ぜて炊飯！

チーズがコクと
まろやかさをプラス!
チーズタッカルビ
プルコギ
甘い味付けでごはんが進む!

チーズタッカルビ

作り方

1 炊飯器に材料を入れる。

2 スイッチを押す。

3 かき混ぜて、器に盛る。

辛くしたい場合は、一味を適量加えて炊飯してね！

材料（2人分）

スライスチーズ……3枚
焼肉のタレ……大さじ3
キムチ……100g
鶏もも肉……350g

そのまま炊飯！

プルコギ

作り方

1 炊飯器に材料を入れ、軽く混ぜる。

2 スイッチを押す。

3 かき混ぜて、器に盛り、ごまをふる。

材料（2人分）

かき混ぜて炊飯！

牛こま肉……200g
玉ねぎ（薄切り）……1/2個
にんじん（短冊切り）……1/2本

A しょうゆ……大さじ2
料理酒……大さじ2
砂糖……小さじ2
ニンニク（チューブ）……小さじ1
コチュジャン……小さじ1
ごま油……大さじ1

仕上げ
白ごま……適量

いい感じに
柔らかく仕上がります
ポッサム

作り方

1 炊飯器に材料を入れる。

2 スイッチを押す。

3 2を食べやすい大きさに切って、器に盛り、サンチュと合わせたAをそえる。

材料（2人分）

そのまま炊飯！

水……適量（具材が浸る程度）

豚バラ肉（ブロック）……300g

しょうが（チューブ）……大さじ1

仕上げ

A 味噌……適量
コチュジャン……適量

サンチュ……適量

麻婆やっこ

材料（2人分）

豚ひき肉……250g
長ねぎ（みじん切り）……1/2本

A
- 豆板醤……小さじ1
- 甜麺醤……大さじ1
- 中華スープの素……適量
- 砂糖……小さじ1
- 塩……少々
- 水……100ml

仕上げ

豆腐（絹）……1丁（350g）
花椒……適量
ラー油……適量
山椒（お好みで）……適量

作り方

1 炊飯器に材料を入れ、軽く混ぜる。

2 スイッチを押す。

3 花椒とラー油を加え、かき混ぜたら、器に豆腐を盛り、上に麻婆をのせ、山椒をふる。

肉豆腐

材料（2人分）

豆腐（木綿・ひと口大に切る）……1丁（350g）
しめじ（石づきをとってほぐす）……100g
豚もも肉（薄切り）……200g
すき焼きのタレ……100ml
水……50ml

作り方

1 炊飯器に材料を入れる。

2 スイッチを押す。

3 軽くかき混ぜて、器に盛る。

Chapter 3

華麗！
魚介料理

魚介料理と炊飯器の相性は抜群！
魚介のエキスがしっかり閉じ込められるので、
旨味が爆発します。

まるで
じっくり煮付けたような味わいに
サバの味噌煮

作り方

魚の下処理

サバに塩少々（分量外）をふり、15分おく。
水で洗い流し、よく水けをふきとる。

↓

1 炊飯器に材料を入れる。

2 スイッチを押す。

3 軽くかき混ぜて、器に盛り、ねぎをのせる。

材料（2人分）

サバ……2～4切れ

しょうが（千切り）……1/2片

A
- 水……200ml
- しょうゆ……大さじ1
- 料理酒……大さじ1
- みりん……大さじ1
- 砂糖……大さじ2
- 味噌……大さじ1

仕上げ
白髪ねぎ……適量

たくさんの野菜と一緒に煮る

タラのトマト煮

ふっくら柔らかな口どけを楽しむ

カラスカレイの煮付け

タラのトマト煮

作り方

1 炊飯器に材料を入れる。

2 スイッチを押す。

3 軽くかき混ぜて、器に盛り、パセリをふる。

材料（2人分）

じゃがいも（芽をとり、ひと口大に切る）……1個

ズッキーニ（輪切り）……1/2本

トマト缶（カット）……200g

A コンソメ（キューブ）……1個
塩・こしょう……各小さじ1/2
水……100ml

ナス（乱切り）……1/2本

タラ……2切れ

しいたけ（石づきをとり、半分に切る）……2個

仕上げ
パセリ（みじん切り）……適量

カラスカレイの煮付け

かき混ぜて
炊飯！

作り方

1 炊飯器に材料を入れる。

2 スイッチを押す。

3 軽くかき混ぜて、器に盛る。

材料（2人分）

しめじ（石づきをとってほぐす）……50g

A めんつゆ（4倍濃縮）……100ml
水……150ml
料理酒……大さじ3
しょうが（チューブ）……少々

カラスカレイ……2切れ

辛さと甘さの
バランスが最高
エビチリ

作り方

1 炊飯器に材料を入れる。

2 スイッチを押す。終了10分前に水溶き片栗粉を入れ、かき混ぜて炊飯を再開する。

3 炊飯が終わったらかき混ぜ、器に盛り、山椒をふる。

材料（2人分）

かき混ぜて炊飯！

むきエビ……100g

A ケチャップ……大さじ4
豆板醤……小さじ1
中華スープの素……小さじ2
砂糖……大さじ1
ごま油……少々
塩……少々
水……180ml

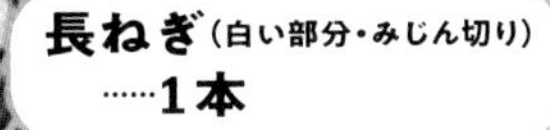

長ねぎ（白い部分・みじん切り）……1本

仕上げ
水溶き片栗粉……大さじ1
山椒……適量

水溶き片栗粉は必ず後入れ！ 少しずつ加えてお好みのとろみ加減にして完成させてね！

エビと
ブロッコリーの
アヒージョ
少ないオイルで
じっくり煮る
魚介の旨味が溶け出した
シーフードカレー

エビとブロッコリーのアヒージョ

作り方

1 炊飯器に材料を入れる。
2 スイッチを押す。
3 かき混ぜて、器に盛り、バゲットをそえる。

材料（2人分）

ブロッコリー……3房
鷹の爪……1本
しらす……大さじ2
むきエビ……8尾
にんにく（チューブ）……大さじ1
アサリ（砂抜き済、よく洗う）……30g
オリーブオイル……80ml

そのまま炊飯！

仕上げ
バゲット……適量

シーフードカレー

作り方

1 炊飯器に材料を入れる。
2 スイッチを押す。
3 具材を潰すようによくかき混ぜて、ごはんと一緒に器に盛る。

材料（2人分）

カレールウ……4皿分
料理酒……100ml
シーフードミックス（エビ、イカ、アサリ入り）……150g
トマト（ヘタをとる）……3個

そのまま炊飯！

海の幸とウィンナーの
炊き込みご飯
パエリア

作り方

1 炊飯器に材料を入れる。

2 スイッチを押す。

3 かき混ぜて、器に盛り、レモンとパセリをそえる。

材料(2人分)

かき混ぜて炊飯!

- 米……2合
- シーフードミックス(エビ、イカ、アサリ入り)……100g
- ウィンナーソーセージ(縦半分に切る)……3本
- A ターメリック……小さじ1/2
  - カレー粉……大さじ1
  - 塩……小さじ1
  - こしょう……少々
  - 水……400ml

仕上げ

- レモン(お好みで・くし形切り)……適量
- パセリ……適量

これ以上
簡単にできない!?
ペスカトーレ
明太子を
ぜいたくに使う!
明太子パスタ

ペスカトーレ

かき混ぜて炊飯！

作り方

1 炊飯器に材料を入れる。

2 スイッチを押し、30分経ったら、炊飯を終了する。

3 かき混ぜて、器に盛り、パセリをふる。

材料（1人分）

スパゲッティ（半分に折る）……1束

トマト缶（カット）……200g

A 水……350ml
塩……小さじ1
オリーブオイル……小さじ1

シーフードミックス（エビ、イカ、アサリ入り）……50g

仕上げ

パセリ（みじん切り）……適量

明太子パスタ

そのまま炊飯！

作り方

1 炊飯器に材料を入れる。

2 スイッチを押し、30分経ったら、炊飯を終了する。

3 マヨネーズを加えかき混ぜて、器に盛り、残りの明太子、味付けのりをのせる。

材料（1人分）

スパゲッティ（半分に折る）……1束

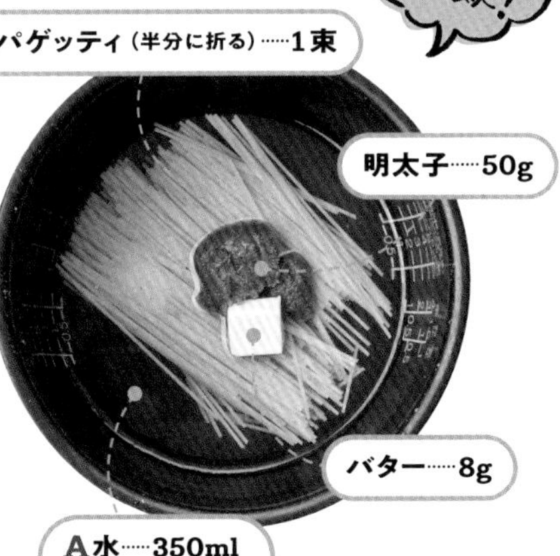

明太子……50g

バター……8g

A 水……350ml
塩……小さじ1

仕上げ

マヨネーズ……5g

明太子……50g

味付け刻みのり……適量

アクアパッツァ

作り方

1 炊飯器に材料を入れる。

2 スイッチを押す。

3 軽くかき混ぜて、器に盛り、パセリをふる。

材料(2人分)

ブロッコリー(縦半分に切る)……3房

ミニトマト……4個

A 白ワイン……100ml
水……100ml
塩・こしょう……各小さじ1/2

金目鯛(内臓処理済み)……1尾

マッシュルーム……6個

仕上げ
パセリ(みじん切り)……適量

ブリタコ大根

材料（2人分）

ブリ……2切れ
ゆでダコ……300g
大根（2cm幅の輪切り）……1/3本

A
しょうゆ……大さじ1
料理酒……大さじ1
みりん……大さじ1
しょうが（チューブ）……少々
砂糖……大さじ1
水……150ml

仕上げ

白髪ねぎ……適量

作り方

1 炊飯器に材料を入れる。
2 スイッチを押す。
3 軽くかき混ぜて、器に盛り、ねぎをのせる。

きのことタラの酒蒸し

材料（2人分）

タラ……2切れ
しめじ（石づきをとってほぐす）……1/2房
えのき（石づきをとる）……1/2房
料理酒……大さじ2

仕上げ

ポン酢……大さじ3

作り方

1 炊飯器に材料を入れる。
2 スイッチを押す。
3 軽くかき混ぜて、器に盛り、ポン酢をかける。

column

弟が考えた

ユ〜モアレシピ1

これぞパーティーレシピ

たこ焼き

材料（作りやすい分量）

ゆでダコ（ひと口大に切る）……100g
長ねぎ（みじん切り）……1本
たこ焼きの素……200g
天かす……20g
水……600ml
紅しょうが（みじん切り）……適量

仕上げ

ソース……適量
マヨネーズ……適量
かつお節……適量
青のり……適量

作り方

1. 炊飯器に材料を入れ、よく混ぜ合わせる。
2. スイッチを押す。
3. 器に盛り、ソースとマヨネーズをかけ、かつお節と青のりをのせる。

炊飯が終わってもシャバシャバの場合、もう一度炊飯スイッチを押して様子を見ながら加熱してね！

クセになる辛さ

辛ラーメンカルボナーラ

材料（1人分）

辛ラーメン……1袋
牛乳……150ml
アスパラガス（ひと口大に切る）……100g
ベーコン（ひと口大に切る）……100g

仕上げ

卵（黄身のみ）……1個

作り方

1. 炊飯器に材料を入れる。
2. スイッチを押し、20分経ったら、炊飯を終了する。
3. かき混ぜて、器に盛り、黄身をのせる。

Chapter 4

菜饗！
野菜料理

忙しい日々でも、美味しくバラエティ豊かな
野菜料理が楽しめます。炊飯器なら
根菜にも短時間でしっかり味が染みますよ！

野菜不足は
この一皿で解消！
八宝菜

作り方

1 炊飯器に材料を入れる。

2 スイッチを押す。

3 かき混ぜて、器に盛り、紅しょうがをのせる。

材料（2人分）

白菜（ひと口大に切る）……1/8個

シーフードミックス（エビ、イカ、アサリ入り）……100g

豚こま肉……100g

長ねぎ（白い部分・斜め切り）……1本

にんじん（短冊切り）……1/4本

A 中華スープの素……大さじ1
水……200ml

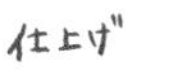

紅しょうが（あれば・みじん切り）……適量

常備菜としても
活躍します
カボチャの煮物
作り方→P.066

作り方→P.066
冷凍食品を
ワンランクアップ！
ロールキャベツ

こんなに味が染みちゃうの!?

ナスの煮浸し

作り方 ➡P.067

ごはんのおかずになります

ナスの照りとろ

作り方 ➡P.067

カボチャの煮物

作り方

1 炊飯器に材料を入れる。

2 スイッチを押す。

3 軽くかき混ぜて、器に盛る。

材料（2人分）

かき混ぜて炊飯！

カボチャ（皮をむき、ひと口大に切る）……1/2個

A しょうゆ……大さじ1
料理酒……大さじ1
みりん……大さじ1
砂糖……大さじ1
白だし……小さじ2
水……200ml

ロールキャベツ

作り方

1 炊飯器に材料を入れる。

2 スイッチを押す。

3 軽くかき混ぜて、器に盛り、パセリをのせる。

材料（2人分）

そのまま炊飯！

トマト（ヘタをとる）……1個

コンソメ（キューブ）……2個

トマト缶（カット）……200g

ロールキャベツ（冷凍）……4個

仕上げ
パセリ……適量

ナスの煮浸し

作り方

1 炊飯器に材料を入れる。

2 スイッチを押す。

3 軽くかき混ぜて、器に盛る。

ナスに切り込みを入れることで、しっかり味が染み込みます！

材料（2人分）

ナス（縦半分に切り、皮目に切り込みを入れる）……4本

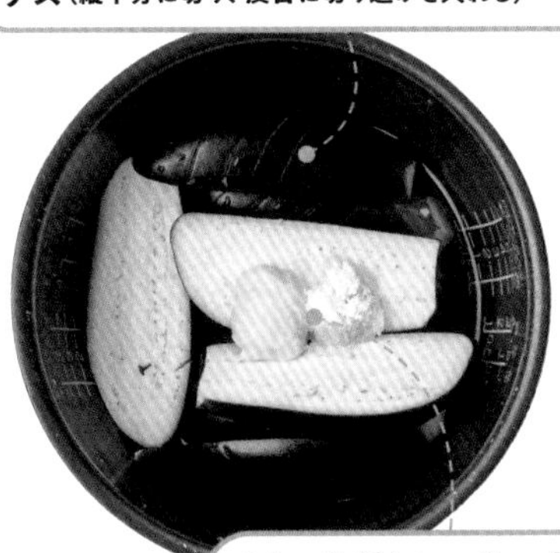

A しょうが（チューブ）……大さじ1
めんつゆ（4倍濃縮）……50ml
水……100ml
砂糖……大さじ1

ナスの照りとろ煮

作り方

1 炊飯器に材料を入れる。

2 スイッチを押す。

3 軽くかき混ぜて、器に盛り、マヨネーズをかけねぎをのせる。

仕上げ
マヨネーズ（お好みで）……適量
刻みねぎ……適量

材料（2人分）

かき混ぜて炊飯！

ナス（乱切り）……3本

A しょうゆ……大さじ2
みりん……大さじ2
料理酒……大さじ1
砂糖……小さじ2
片栗粉……小さじ2

優しい味付けの
冬のごちそう
冬瓜の
鶏そぼろあんかけ

作り方

1 炊飯器に材料を入れる。

2 スイッチを押す。終了10分前に水溶き片栗粉を入れ、かき混ぜて炊飯を再開する。

3 炊飯が終わったらかき混ぜ、器に盛り、ねぎをのせる。

材料（2人分）

鶏ひき肉……200g

冬瓜（ひと口大に切る）……1/8個

仕上げ
水溶き片栗粉……適量
刻みねぎ……適量

A しょうが（チューブ）……小さじ1
あご出汁（4倍濃縮）……大さじ2
水……300ml

水溶き片栗粉は最初から入れると固まってしまうので、後入れにします。

味染み中華大根煮

材料（2人分）

大根（3cm幅の輪切り）……1/2本
豚ひき肉……100g
中華スープの素……小さじ3
水……450ml

仕上げ

からし……適量

作り方

1 炊飯器に材料を入れる。
2 スイッチを押す。
3 かき混ぜて、器に盛り、からしをそえる。

きんぴらごぼう

材料（2人分）

ごぼう（よく洗い、細切り）……1本
にんじん（細切り）……1/3本
A しょうゆ……大さじ1
料理酒……大さじ2
みりん……大さじ2
ごま油……大さじ1

仕上げ

白ごま……適量

作り方

1 炊飯器に材料を入れる。
2 スイッチを押す。
3 かき混ぜて、器に盛り、白ごまをふる。

めんつゆえのき

材料（2人分）

えのき（石づきをとってほぐす）……1房
めんつゆ（水で薄める）……100ml
水……200ml
しょうが（チューブ）……小さじ1

仕上げ

卵（黄身のみ）……1個

作り方

1 炊飯器に材料を入れる。
2 スイッチを押す。
3 かき混ぜて、器に盛り、黄身をのせる。

キッシュサンド

材料（2人分）

ホウレンソウ（ざく切り）……1/4束
じゃがいも（皮をむいて芽をとり、薄切り）……1/3個
カニカマ……3本
卵（溶く）……4個
A 水……50ml
白だし……小さじ1
砂糖……小さじ2
塩……少々
水……50ml

仕上げ

食パン……2枚
マヨネーズ……大さじ2
マスタード……適量

作り方

1 炊飯器に材料を入れる。
2 スイッチを押す。
3 食パンにマヨネーズとマスタードを塗ったら、2を挟み、食べよく切って器に盛る。

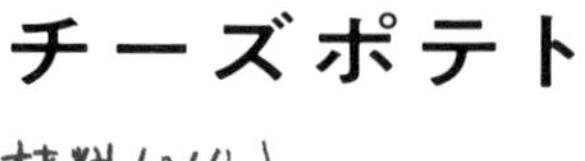

チーズポテト

材料（2人分）

じゃがいも
（皮をむいて芽をとり、薄切り）……2個
バター……10g
塩・こしょう……各小さじ1

仕上げ

スライスチーズ……適量
ケチャップ……適量

作り方

1 炊飯器に材料を入れる。
2 スイッチを押す。
3 器に盛り、熱いうちにチーズをのせ、ケチャップをそえる。

スパイスジャーマンポテト

材料（2人分）

ウィンナーソーセージ
（ひと口大に切る）……6本
じゃがいも（芽をとり、ひと口大に切る）……2個
カレー粉……大さじ1
ブラックペッパー……適量
塩・こしょう……各小さじ1/2

仕上げ

パセリ……適量

作り方

1 炊飯器に材料を入れる。
2 スイッチを押す。
3 軽くかき混ぜて、器に盛り、パセリをそえる。

Chapter 5

満腹！ごはんもの

ただごはんを炊くだけじゃつまらない！
僕らが考えたいろいろな
炊き込みごはんやどんぶり飯を紹介します。

シンプルな味付けで
さっぱりと
タコ飯

作り方

1
炊飯器に材料を入れる。

2
スイッチを押す。

3
かき混ぜて、器に盛り、ねぎをのせる。

材料（2人分）

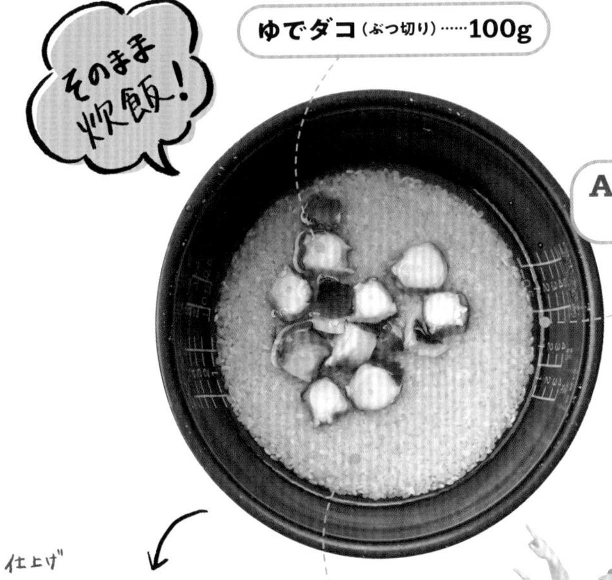

ゆでダコ（ぶつ切り）……100g

A 水……200ml
白だし……30ml

米……1合

仕上げ
刻みねぎ……適量

野菜の旨味をギュッと閉じ込めた

野菜ジュースチキンライス

作り方
→P.078

玉ねぎとコーンの甘さがマッチ

とうもろこしごはん

作り方
→P.078

漂う香りが
食欲をそそる
サバター飯
作り方
➡P.079
とにかく炭水化物が
大好きな方へ
そば飯
作り方 ➡P.079

野菜ジュースチキンライス

かき混ぜて炊飯！

作り方

1 炊飯器に材料を入れる。

2 スイッチを押す。

3 かき混ぜて、器に盛り、パセリをふる。

材料（2人分）

米……1合

マッシュルーム……6個

A野菜ジュース（砂糖・食塩不使用）……180ml
コンソメ（キューブ）……1個
バター……16g

鶏もも肉（ひと口大に切る）……100g

仕上げ

パセリ（みじん切り）……適量

とうもろこしごはん

かき混ぜて炊飯！

作り方

1 炊飯器に材料を入れる。

2 スイッチを押す。

3 かき混ぜて、器に盛る。

材料（作りやすい分量）

コーン缶……190g

米……2合

新玉ねぎ（皮をむく）……1個

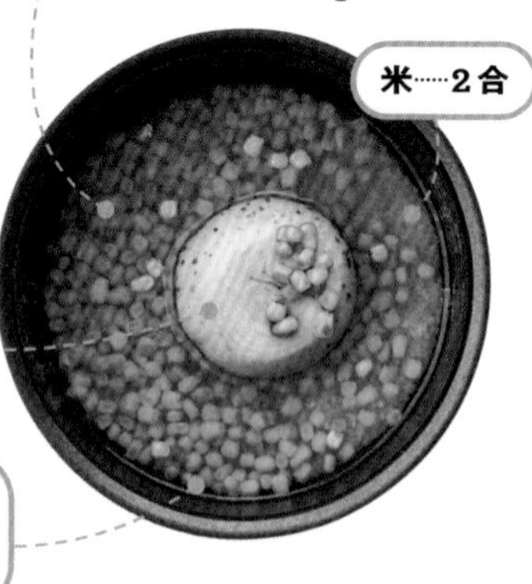

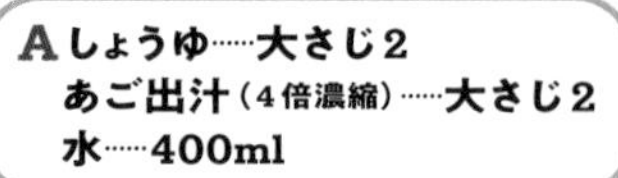

サバター飯

作り方

1 炊飯器に材料を入れる。

2 スイッチを押す。

3 バターを加え、かき混ぜて、器に盛り、ねぎをのせる。

材料（2人分）

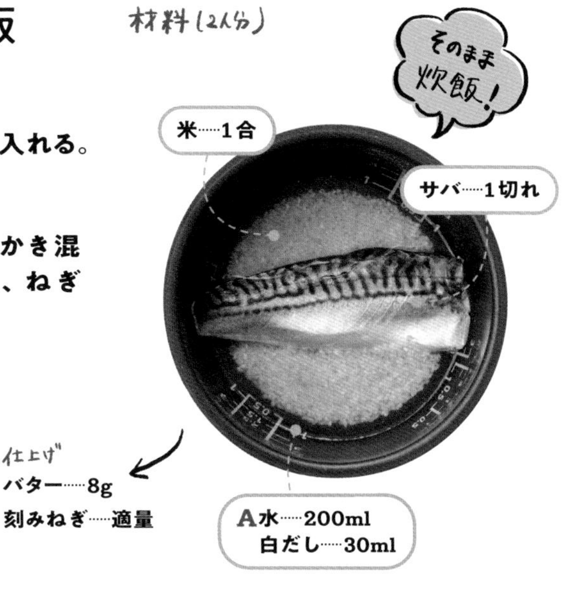

仕上げ
バター……8g
刻みねぎ……適量

そば飯

作り方

1 炊飯器に材料を入れる。

2 スイッチを押す。

3 かき混ぜて、器に盛る。

材料（2人分）

ごはんと味わう
シャケの味

バタシャケ飯

作り方

1 炊飯器に材料を入れる。

2 スイッチを押す。

3 バターを加え、かき混ぜて、器に盛る。

材料(2人分)

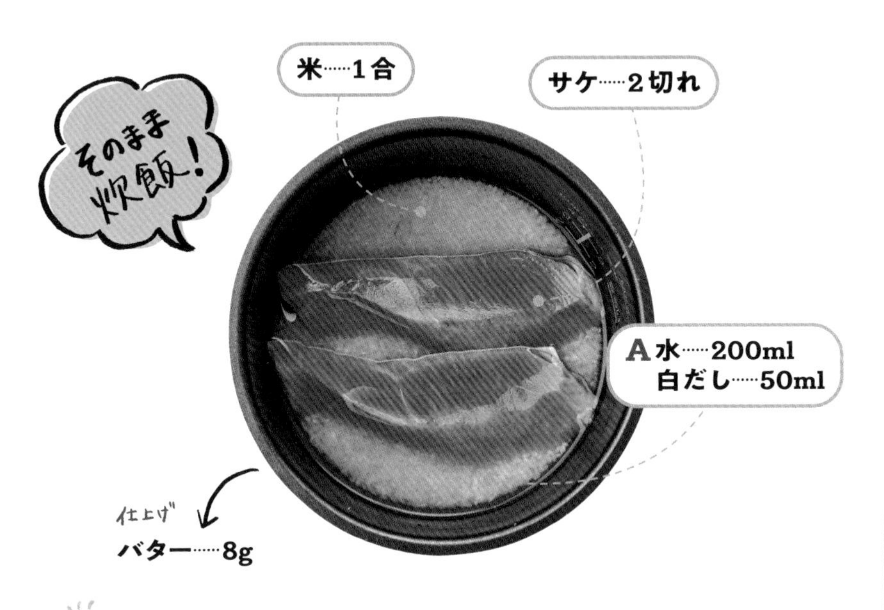

最後にかき混ぜる前、小骨はとっておくと食べやすいよ!

煮汁をたっぷりかけて
召し上がれ
鶏照りマヨ丼
料亭の味を再現しました
アサリとシマチョウの
炊き込みごはん

鶏照りマヨ丼

作り方

1 炊飯器に材料を入れる。

2 スイッチを押す。終了10分前にねぎを加えて炊飯を再開する。

3 かき混ぜて、ごはんと一緒に器に盛り、マヨネーズをかけ、のりをのせる。

ねぎは食感を残すために、あえて後入れします。

材料(2人分)

鶏もも肉(ひと口大に切る)……300g

A しょうゆ……大さじ1
みりん……大さじ1
砂糖……小さじ2
旨味調味料……2振り

仕上げ

長ねぎ(5cm長さに切る)……1本

のり(小さくちぎる)……適量

マヨネーズ……適量

アサリとシマチョウの炊き込みごはん

作り方

1 フライパンを中火で熱し、シマチョウと塩・こしょう各少々(分量外)を入れ焼く。

2 炊飯器に材料を入れ、スイッチを押す。

3 1を加えかき混ぜて、器に盛り、山椒をふる。

材料(2人分)

アサリ(砂を抜きよく洗う)……100g

米……1合

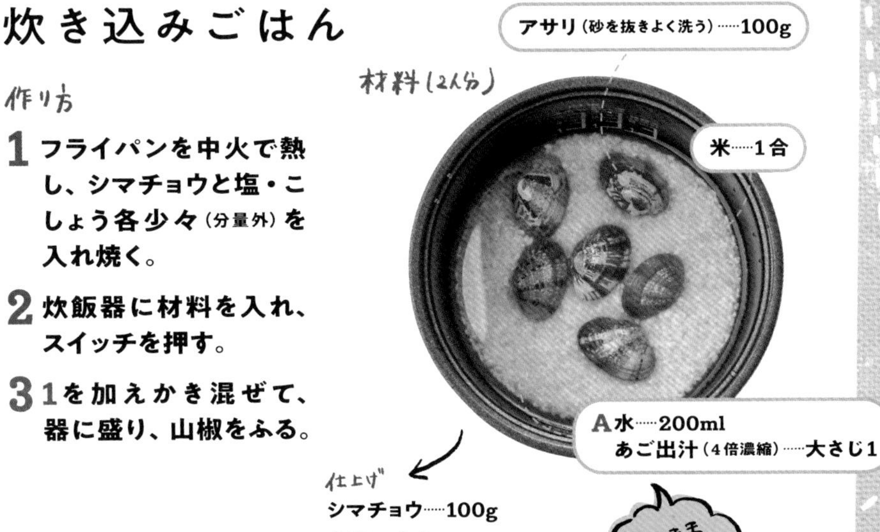

A 水……200ml
あご出汁(4倍濃縮)……大さじ1

仕上げ

シマチョウ……100g

山椒……少々

たまには背徳ごはんも食べたい！
悪魔的ガーリックライス

作り方

1 炊飯器に材料を入れる。

2 スイッチを押す。

3 バターを入れ、かき混ぜて、器に盛り、ブラックペッパーをふる。

材料（2人分）

にんにく……8片
米……1合
ウィンナーソーセージ……6本

A コンソメ（キューブ）……1個
水……200ml
あご出汁（4倍濃縮）……大さじ2

仕上げ
バター……16g
ブラックペッパー……適量

あの牛丼屋さんの
名作をお家で
チーズ牛丼
無水で濃厚！
カレーの新定番！
無水カレーメシ

チーズ牛丼

作り方

1 炊飯器に材料を入れる。

2 スイッチを押す。

3 かき混ぜて、器に盛り、温かいうちにチーズをのせる。

材料（2人分）

牛もも肉（薄切り）……200g

A めんつゆ（4倍濃縮）……50ml
水……150ml
塩・こしょう……各小さじ1/2

米……1合

玉ねぎ（皮をむく）……1個

仕上げ
ピザ用チーズ……適量

無水カレーメシ

作り方

1 炊飯器に材料を入れる。

2 スイッチを押す。

3 かき混ぜて、器に盛り、黄身をのせ、パセリをふる。

材料（2人分）

そのまま
炊飯！

牛豚合いびき肉……300g

トマト缶（カット）……400g

玉ねぎ（皮をむく）……1個

カレールウ……4皿分

トマト（ヘタをとる）……2個

米……1/2合

仕上げ
卵（黄身のみ）……2個
パセリ（みじん切り）……適量

無水トマトチーズリゾット

作り方

1 炊飯器に材料を入れる。

2 スイッチを押す。

3 かき混ぜて、器に盛り、パセリをふる。

仕上げ
パセリ（みじん切り）……適量

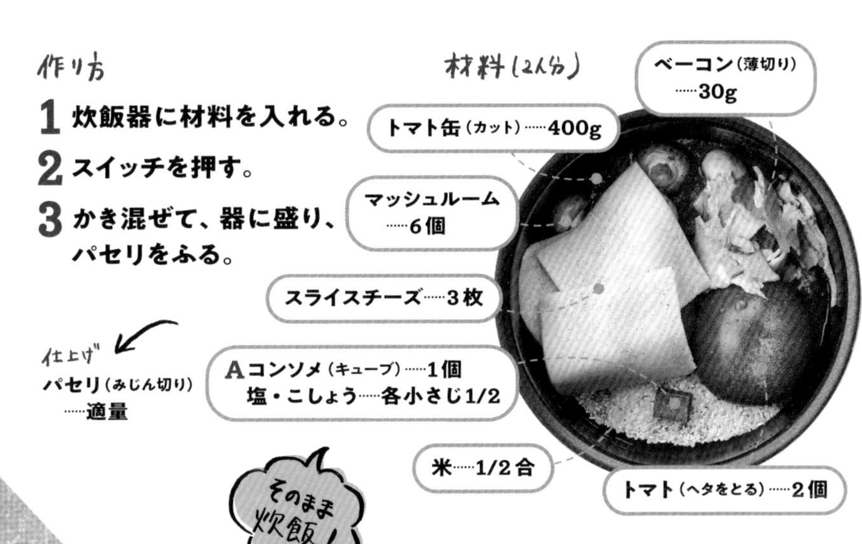

しらすとかつお節のおにぎり

材料（2人分）

米……1合
しらす……8g
かつお節……適量

A | しょうゆ……小さじ2
白だし……小さじ2
水……200ml

仕上げ

刻みねぎ……適量
大葉……2枚

作り方

1 炊飯器に材料を入れる。
2 スイッチを押す。
3 ねぎを加え、かき混ぜて、おにぎりにして、大葉を敷いた器に盛る。

わかめおにぎり

材料（2人分）

米……1合
乾燥わかめ……大さじ1

A | 水……230ml
白だし……30ml

仕上げ

ごま塩……適量
のり……適量

作り方

1 炊飯器に材料を入れる。
2 スイッチを押す。
3 ごま塩をふり、かき混ぜて、おにぎりにしたら、のりを巻いて、器に盛る。

弟が考えた

ユ〜モアレシピ2

チキンラーメンの新しい食べ方

無水トマトチキンラーメンパスタ

材料（1人分）

チキンラーメン……1袋
トマト（ヘタをとる）……3個

仕上げ

卵（黄身のみ）……1個

作り方

1 炊飯器にトマトを入れ、スイッチを押す。

2 チキンラーメンを入れて、5分保温する。

3 かき混ぜて、器に盛り、黄身をのせる。

おつまみ感覚で食べられる

ポテチサラダ

材料（2人分）

ポテトチップス（うす塩味）……200g
じゃがいも（皮をむき、芽をとる）……1個
牛乳……200ml

仕上げ

牛乳……50ml
マヨネーズ……大さじ3
ブラックペッパー……適量
パセリ（みじん切り）……適量

作り方

1 炊飯器に材料を入れる。

2 スイッチを押す。

3 牛乳とマヨネーズを加え、じゃがいもを潰すように混ぜ、器に盛り、ブラックペッパーとパセリをふる。

Chapter 6

健康！ダイエットおかず

炊飯器で作る低カロリーで美味しい
レシピを紹介します。
料理が苦手な方でも
炊飯器があれば大丈夫！

ソースをたっぷり
かけて食べてみて!
炊飯器タコス

作り方

1 炊飯器に材料を入れる。

2 スイッチを押す。

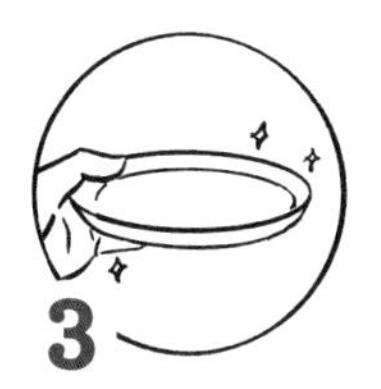

3 トルティーヤでサラダ菜と2を巻き、器に盛り、合わせたBをそえる。

材料（2人分）

かき混ぜて炊飯！

鶏もも肉（ひと口大に切る）……200g

にんにく……3片

A
料理酒……大さじ2
しょうゆ……大さじ2
みりん……大さじ2
砂糖……大さじ1

仕上げ

トルティーヤ（市販品）……適量

サラダ菜……適量

B
玉ねぎ（みじん切り）……1/2個
トマト（みじん切り）……1個
オリーブオイル……大さじ1
塩……少々

炊飯器で簡単に再現！
サラダチキン
もも肉でジューシーに
仕上げました
棒棒鶏

サラダチキン

作り方

1 密閉できる耐熱保存袋に材料を入れ、軽くもむ。

2 炊飯器に熱湯1L（分量外）と1を入れ、保温スイッチを押し、1時間おく。

3 鶏肉を切って器に盛り、パクチーをそえる。

材料（2人分）

そのまま炊飯！

鶏ささみ……200g

マッシュルーム……7個

A めんつゆ（4倍濃縮）……大さじ2
しょうが（チューブ）……大さじ1
塩・こしょう……各少々

仕上げ
パクチー……適量

棒棒鶏

作り方

1 密閉できる耐熱保存袋に材料を入れ、軽くもむ。

2 炊飯器に1を入れ、スイッチを押す。

3 鶏肉を切って器に盛り、きゅうりをそえ、合わせたBをかける。

材料（2人分）

そのまま炊飯！

鶏もも肉……300～400g

A 料理酒……大さじ1
砂糖……大さじ1
塩……少々

仕上げ
きゅうり（千切り）……1～2本

B 酢……大さじ1
ごま油……大さじ1
しょうゆ……大さじ1
砂糖……大さじ1
味噌……大さじ1
豆板醤……小さじ1

厚揚げと小松菜の煮浸し

体に優しい和の味

作り方
➡P.098

ヘルシー食材を
美味しくアレンジ

ちくわとこんにゃくの甘辛煮

作り方➡P.098

具材たっぷりの
食べる汁もの

たっぷり
きのこ三昧汁

作り方
➡P.099

ダイエットレシピの決定版

豆腐ハンバーグ

作り方➡P.099

厚揚げと小松菜の煮浸し

かき混ぜて炊飯！

作り方

1 炊飯器に材料を入れる。

2 スイッチを押す。

3 軽くかき混ぜて、器に盛る。

材料（2人分）

小松菜（ひと口大に切る）……1束

厚揚げ（1cm幅に切る）……100g

A しょうゆ……大さじ2
料理酒……大さじ2
みりん……大さじ2
砂糖……小さじ1
水……100ml
しょうが（チューブ）……少々

カニカマ……5本

ちくわとこんにゃくの甘辛煮

かき混ぜて炊飯！

作り方

1 炊飯器に材料を入れる。

2 スイッチを押す。

3 軽くかき混ぜて、器に盛る。

材料（2人分）

こんにゃく……250g

A しょうゆ……大さじ1
料理酒……大さじ1
みりん……大さじ1
鷹の爪（輪切り）……1本
水……100ml

ちくわ……5本

たっぷりきのこ三昧汁

作り方

1 炊飯器に材料を入れる。

2 スイッチを押す。

3 軽くかき混ぜて、器に盛る。

材料（2人分）

しめじ（石づきをとってほぐす）……1/3パック

まいたけ……1/3パック

しいたけ……5個

A しょうゆ……大さじ1
料理酒……大さじ1
あご出汁（4倍濃縮）……大さじ1
水……500ml

豆腐ハンバーグ

そのまま
炊飯!

作り方

1 炊飯器に材料を入れ、よく混ぜ合わせる。

2 丸く成形したら、スイッチを押す。

3 器に盛り、合わせたAをかける。

材料（2人分）

豆腐（木綿・水けをよくきる）……1丁（350g）
牛豚合いびき肉……300g
塩……小さじ1/2

仕上げ

A 焼肉のタレ……大さじ3
ケチャップ……大さじ3

こんにゃくカルビ丼

作り方

1 炊飯器に材料を入れる。

2 スイッチを押す。

3 軽くかき混ぜて、ごはんと一緒に器に盛り、黄身とねぎをのせる。

材料（2人分）

かき混ぜて炊飯!

こんにゃく（1cm幅の薄切り）……300g

焼肉のタレ……大さじ3

仕上げ

卵（黄身のみ）……2個

刻みねぎ……適量

ねぎ焼き

材料（2人分）

長ねぎ（斜め薄切り）……1本
卵（溶く）……1個
小麦粉……大さじ2
白だし……小さじ2
塩・こしょう……各少々

仕上げ

かつお節……適量
ソース……適量

作り方

1 炊飯器に材料を入れる。
2 スイッチを押す。
3 器に盛り、ソースを塗ってかつお節をのせる。

茶碗蒸し

材料（2人分）

卵（溶く）……1個
あご出汁（水で薄める）……200ml
鶏もも肉……少々
かまぼこ（薄切り）……少々

仕上げ

大葉（千切り）……適量

作り方

1 炊飯器に入る大きさの耐熱容器に材料を入れる。
2 炊飯器に1を入れ、スイッチを押す。
3 大葉をのせる。

column

弟が考えた ユ〜モアレシピ3

どのからあげを使おうか？

からあげ飯

材料（2人分）

唐揚げ（市販品）……5個
米……1合
水……200ml
塩・こしょう……各少々

仕上げ

バター……8g

作り方

1 炊飯器に材料を入れる。
2 スイッチを押す。
3 バターを加え、軽くかき混ぜて、器に盛る。

甘じょっぱいクセになる味

あずきアイス赤飯

材料（2人分）

あずきアイス（市販品）……1本
米……1合
水……200ml

仕上げ

ごま塩……少々

作り方

1 炊飯器に材料を入れる。
2 スイッチを押す。
3 かき混ぜて、器に盛り、ごま塩をふる。

Chapter 7

濃厚!
汁ものレシピ

汁ものは炊飯器と相性ぴったり。
具材にはよく味が入るし、
柔らかく煮てくれます。
麺などは後入れで調整します。

家庭で手軽に
本格的な味
もつ鍋

作り方

1 炊飯器に材料を入れる。

2 スイッチを押す。

3 軽くかき混ぜて、器に盛る。

材料（2人分）

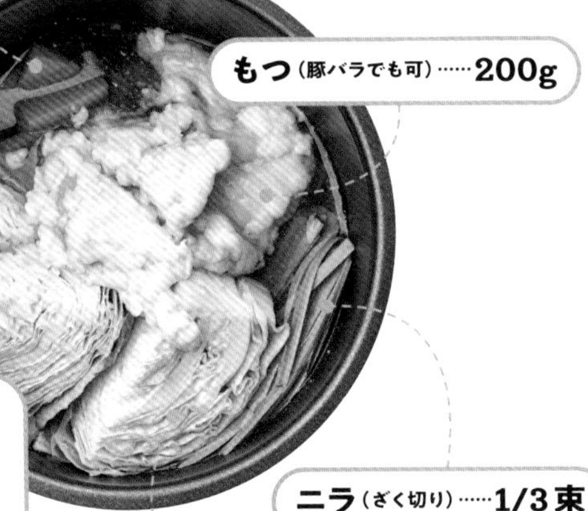

にんじん（短冊切り）……1/3本

もつ（豚バラでも可）……200g

ニラ（ざく切り）……1/3束

キャベツ……1/4個

A しょうゆ……大さじ2
みりん……大さじ2
砂糖……小さじ2
にんにく（チューブ）……小さじ1
中華スープの素……小さじ2
あご出汁（4倍濃縮）……大さじ1
水……400ml

シメに中華麺やごはんを入れて食べてね！

鶏の旨味、
トマトの彩りが最高！
鶏トマト鍋
中華麺は必ず
後入れしてね！
炊飯器ちゃんぽん

鶏トマト鍋

材料（2人分）

作り方

1 炊飯器に材料を入れる。

2 スイッチを押す。

3 かき混ぜて、器に盛り、パセリをのせる。

そのまま炊飯！

キャベツ……1/4個

A 中華スープの素……小さじ2
塩・こしょう……各小さじ1/2
料理酒……50ml

鶏もも肉……200g

トマト（ヘタをとる）……2個

もやし……100g

仕上げ
パセリ……適量

炊飯器ちゃんぽん

材料（2人分）

作り方

1 炊飯器に材料を入れる。

2 スイッチを押す。終了10分前に中華麺を加えて炊飯を再開する。

3 軽くかき混ぜて、器に盛り、紅しょうがをのせる。

そのまま炊飯！

しめじ（石づきをとってほぐす）……1/4パック

ウィンナーソーセージ……3本

キャベツ（ざく切り）……1/4個

かまぼこ（薄切り）……30g

もやし……250g

にんじん（10cm長さの短冊切り）……1/2本

シーフードミックス（エビ、イカ、アサリ入り）……30g

ニラ（ざく切り）……1/5束

A 牛乳……150ml
水……250ml
中華スープの素……小さじ2
オイスターソース……大さじ1
にんにく（チューブ）……小さじ1

仕上げ
中華麺……1袋
紅しょうが（みじん切り）……少々

野菜たっぷり
ホルモン味噌ラーメン
食べ過ぎ注意！
このこってりさがたまらない
チキンきのこシチュー
心も体も
あたたまる濃厚さ

野菜たっぷり ホルモン味噌ラーメン

かき混ぜて炊飯！

作り方

1 炊飯器に材料を入れる。

2 スイッチを押す。

3 ラーメンを加え、かき混ぜて10分保温し、器に盛り、黄身をのせる。

材料（1人分）

もつ（味噌味）……200g

野菜ミックス（キャベツ・にんじん入り）……1袋

にんにく……3片

水……500ml

仕上げ

インスタントラーメン（味噌味）……1袋

卵（黄身のみ）……1個

チキンきのこシチュー

そのまま炊飯！

作り方

1 炊飯器に材料を入れる。

2 スイッチを押す。

3 よくかき混ぜて、器に盛る。

材料（2人分）

しめじ（石づきをとる）……1パック

マッシュルーム……6個

クリームシチューのルウ……4皿分

A 牛乳……100ml
水……400ml

鶏もも肉（ひと口大に切る）……200g

じゃがいも（芽をとる）……2個

参鶏湯（サムゲタン）
シンプルな味付けで
素材の味を楽しむ

作り方

1 炊飯器に材料を入れる。

2 スイッチを押す。

3 かき混ぜて、器に盛る。

材料（2人分）

そのまま炊飯！

- キャベツ……1/2個
- 鶏手羽先……6本
- A 水……350ml
  - 塩・こしょう……各小さじ1
  - しょうが（チューブ）……大さじ2
  - にんにく（チューブ）……大さじ2

仕上げにごはんを少し入れると、より本格的に！

純豆腐（スンドゥブ）

そのまま炊飯！

作り方

1 炊飯器に材料を入れる。

2 スイッチを押す。

3 軽くかき混ぜて、器に盛る。

材料（2人分）

- シーフードミックス（エビ、イカ、アサリ入り）……100g
- A あご出汁（4倍濃縮）……大さじ1
  - コチュジャン……小さじ1
  - 味噌……大さじ1
  - 中華スープの素……小さじ2
  - 水……300ml
- 豆腐（絹）……1丁（350g）
- 豚バラ肉（薄切り）……100g
- 白菜（ざく切り）……1/8個
- 鷹の爪……1本

鶏ねぎスープ

材料(2人分)

鶏もも肉(ひと口大に切る)……300g
長ねぎ(ひと口大に切る)……1本
A 水……300ml
料理酒……大さじ3
みりん……大さじ1
あご出汁(4倍濃縮)……大さじ3
しょうが(チューブ)……小さじ1
砂糖……小さじ1

作り方

1 炊飯器に材料を入れる。
2 スイッチを押す。
3 軽くかき混ぜて、器に盛る。

無水トマト中華スープ

材料(2人分)

鶏もも肉(ひと口大に切る)……300g
じゃがいも
(皮をむき、芽をとり、ひと口大に切る)……2個
長ねぎ(斜め薄切り)……1本
トマト(ヘタをとる)……2個
A 中華スープの素……小さじ2
塩・こしょう……各小さじ1/2

作り方

1 炊飯器に材料を入れる。
2 スイッチを押す。
3 軽くかき混ぜて、器に盛る。

つみれ汁

材料（2人分）

鶏つみれ（市販品）……200g

長ねぎ（斜め切り）……1/2本

しょうが（チューブ）……小さじ1

A | 水……400ml
あご出汁……大さじ3

仕上げ

刻みねぎ……適量

作り方

1 炊飯器に材料を入れる。

2 スイッチを押す。

3 軽くかき混ぜて、器に盛り、ねぎをのせる。

野菜たっぷり卵スープ

材料（2人分）

玉ねぎ（ひと口大に切る）……1個

ピーマン（半分に切る）……3個

キャベツ（ざく切り）……100g

A | 水……500ml
中華スープの素……小さじ3

仕上げ

卵（溶く）……1個

のり（小さくちぎる）……適量

作り方

1 炊飯器に材料を入れる。

2 スイッチを押す。

3 軽くかき混ぜて、卵を回し入れたら、器に盛り、のりをふる。

Chapter 8 簡単！スイーツレシピ

さまざまなスイーツレシピをご用意しました。
とても簡単なので、
子どもたちと一緒に作って楽しんでください。

※P.120のウィスキーバナナケーキでは、お酒を使用しております。お子さまと作る場合は、ご注意ください。

プリン
究極簡単に
アレンジ
ほのかな
チーズの香りがおしゃれ
チーズパンケーキ

プリン

材料（作りやすい分量）

作り方

1 炊飯器に材料を入れ、ホイッパーでよくかき混ぜる（このとき一度ザルでこすと、仕上がりがなめらかになります）。

2 スイッチを押す。

3 冷蔵庫で60分ほど冷やし固めたら、器に盛り、ホイップクリームとミントをのせる。

卵……2個

かき混ぜて炊飯！

A 牛乳……300ml
砂糖……大さじ4

仕上げ
ホイップクリーム……適量
ミント……適量

チーズパンケーキ

作り方

1 炊飯器に材料を入れ、よく混ぜ合わせる。

2 スイッチを押す。

3 器に盛り、バターをのせはちみつをかける。

材料（作りやすい分量）

かき混ぜて炊飯！

ホットケーキミックス……150g
ピザ用チーズ……100g
牛乳……150ml

仕上げ
バター……8g
はちみつ……適量

しっとりした口溶けが◎

ガトーショコラ

作り方
➡P.120

甘さ控えめで
大人の味

ウイスキー
バナナケーキ

作り方➡P.120

バニラ以外にも
いろいろ試してね！

アイスクリームケーキ

作り方➡P.121

酸味が効いた軽やかな味わい

ヨーグルトスフレケーキ

作り方➡P.121

ガトーショコラ

作り方

1 炊飯器に板チョコと生クリーム、ホットケーキミックスを入れ、スイッチを押し、15分ほど経ったら炊飯を終了し、全体をよく混ぜ合わせる。

2 卵を加え、よく混ぜたら再びスイッチを押す。

3 器に盛り、粉糖をふる。

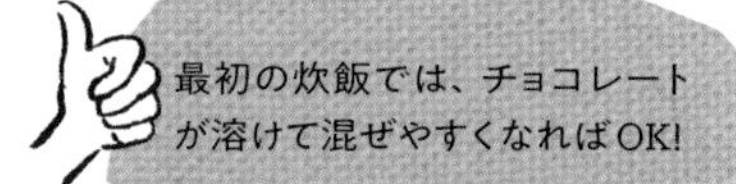

材料（作りやすい分量）

かき混ぜて炊飯！

板チョコ……4枚

生クリーム……200ml

ホットケーキミックス……大さじ4

仕上げ

卵……4個

粉糖（飾り用）……適量

ウィスキーバナナケーキ

作り方

1 炊飯器にバナナ以外の材料を入れ、よく混ぜ合わせたら、最後にバナナを加える。

2 スイッチを押す。

3 器に盛る。

材料（作りやすい分量）

かき混ぜて炊飯！

バナナ（薄切り）……1本

A ホットケーキミックス……200g

ウィスキー……50ml

卵……1個

牛乳……180ml

オリーブオイル……小さじ1

レモン汁……1/4個分

アイスクリームケーキ

作り方

1. 炊飯器に材料を入れ、よく混ぜ合わせる。
2. スイッチを押す。
3. 器に盛り、ホイップクリームとミントをのせる。

材料（作りやすい分量）

かき混ぜて炊飯！

- バニラアイス……200g
- 卵……2個
- ホットケーキミックス……大さじ5
- バター……8g

仕上げ
- ホイップクリーム……適量
- ミント……適量

ヨーグルトスフレケーキ

作り方

1. 炊飯器に材料を入れ、よく混ぜ合わせる。
2. スイッチを押す。
3. 器に盛り、リンゴをそえる。

材料（作りやすい分量）

かき混ぜて炊飯！

- ヨーグルト……400g
- 卵……3個
- 薄力粉……60g
- 砂糖……60g

仕上げ
- リンゴ（薄切り）……適量

材料（作りやすい分量）

砂糖……大さじ5

ブルーベリー（冷凍でも可）……200g

作り方

1 炊飯器に材料を入れる。

2 スイッチを押す。

3 軽くかき混ぜて、保存容器に入れる。

column

弟が考えた

ユ〜モアレシピ4

いろんなカップラーメンで試してね

カップラーメンピラフ

材料（2人分）

カップラーメン（シーフード）……1個
米……1合（あればジャスミンライス）
水……300ml

仕上げ

パセリ……適量

作り方

1 炊飯器に材料を入れる。
2 スイッチを押す。
3 かき混ぜて、器に盛り、パセリをのせる。

食べるときは、保温機能を使いながら食べよう！

具材の種類は無限です！

チーズフォンデュ

材料（2人分）

ピザ用チーズ……400g
牛乳……250ml

仕上げ

塩・こしょう……各適量
ブロッコリー（ゆでる）……100g
バゲット……好きなだけ
ウィンナーソーセージ（ゆでる）……好きなだけ
じゃがいも（皮をむき、芽をとり、ゆでる）……好きなだけ

作り方

1 炊飯器に材料を入れる。
2 スイッチを押す。
3 軽くかき混ぜて、塩・こしょうで調味したら、好みの具材につけて食べる。

肉・肉加工品・肉冷凍品

魚介・魚介加工品・魚介冷凍品

野菜・野菜加工品・果物

野菜

乳製品・チーズ・卵・穀物